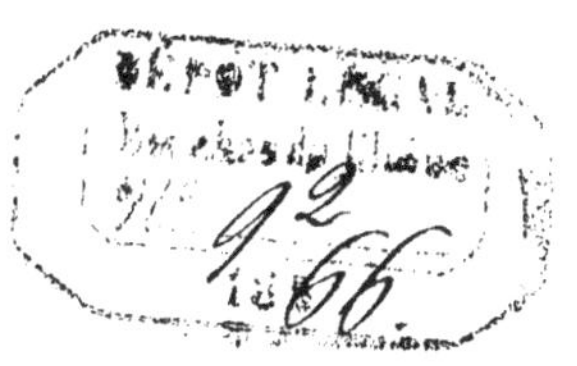

CHRONIQUES SALONAISES.

NOTICE

SUR LE

BAILLI DE SUFFREN

ET SA FAMILLE.

MARSEILLE

IMPRIMERIE NOUVELLE A. ARNAUD, RUE VACON, 21

1866.

Au moment où les habitants de Saint-Tropez élèvent un monument à la mémoire du bailli de Suffren, on ne lira pas sans un vif intérêt quelques traits de la vie de ce grand homme, précédés de la généalogie de sa noble famille, dont la ville de Salon s'honore à juste titre d'avoir été la patrie. Assurément, l'histoire ne peut que gagner à connaître ces curieux détails, la plupart encore inédits. L'auteur des *Chroniques salonaises*, M. L. Gimon, à la demande des habitants de Salon, ses concitoyens, s'est empressé d'extraire de son précieux manuscrit, pour être livrés à la publicité, les articles suivants, qui font partie : le premier, du *Nobiliaire de la ville de Salon,* et les deux autres des *Chroniques Salonaises*.

EXTRAIT

DU CHAPITRE INTITULÉ

NOBILIAIRE DE LA VILLE DE SALON.

SUFFREDI-SUFFREN.

I.

Famille de Salon peu ancienne, il est vrai, dans les annales de la noblesse, mais très illustre par les hommes éminents qu'elle a produits ; les Suffredi, jusqu'au milieu du XVIe siècle, ont été classés parmi les bourgeois de Salon. Raymond Suffredi signe, comme membre du Conseil général de cette ville, un acte d'accord du 2 octobre 1494, notaire Delmas, par lequel les habitants de Salon, de Grans et de Cornillon mettent leurs coussous en communauté. (Archives de Salon, liv. blanc, fol. 353 et suiv.)

Hugo Suffredi est un des signataires d'un mémoire au Pape et au Parlement de Provence, qui fut rédigé en 1505 par Gabriel de Fogace, docteur en droit d'Avignon, au nom des habitants de Salon, contre l'archevêque d'Arles Jean Ferrier Ier (id. fol. 232). Par acte du 16 avril 1470, notaire Mirapié à Salon, l'Archevêque d'Arles consent nouveau bail à Hugo Suffredi, *probo viro Hugoni Suffredi,* d'un pont de 12 pans de long, construit sur un terrain seigneurial, pour relier deux maisons que celui-ci possédait à Salon. (Archives de Salon, D. D. 3. n° 1.) Le même Hugo Suffredi occupe à l'Hôtel-de-Ville de Salon, en 1528 et une partie de l'année 1529, la charge de trésorier de la communauté. Il est qualifié d'homme honorable: *vir honorabilis.*

Dans le même temps vivait à Salon Jullianus Suffredi, qui était membre du Conseil général de la ville.

Jehan Suffredi ou de Suffren paraît être le premier noble de la famille. D'après la critique manuscrite de Barcilon de Mauvans, il aurait été anobli par lettres-royaux de l'an 1548. Il était à l'Hôtel-de-Ville de Salon, deuxième consul en 1539, assesseur en 1540, capitaine en 1542, premier consul en 1545, trésorier en 1547, deuxième consul en 1552, assesseur en 1553, deuxième consul en 1558 et trésorier en 1563. Il se maria deux fois : la première, avec Mirande de Marck des seigneurs de Châteauneuf-les-Moustiers, de la ville de Salon, et la seconde fois avec Magdeleine de Clamens. Il eut du premier mariage deux fils et une fille ci-après :

1° Antoine de Suffren, qui alla demeurer à Aix, où il fut pourvu, en 1568, d'un office de conseiller au Parlement de Provence. Le sieur

Barcilon de Mauvans, dans sa critique manuscrite, dit, en parlant de lui : « Il fut un des plus zélés officiers du Parlement au service du roi Henri IV, dans les guerres de la Ligue, par les belles et éloquentes harangues qu'il fit en pleine assemblée, où il fut question de déclarer Henri IV légitime successeur d'Henri III ; »

2° Jean de Suffren, jésuite, célèbre prédicateur, confesseur de la reine-mère Marie de Médicis et de Louis XIII, auteur de plusieurs ouvrages de piété fort estimés, dont un fut composé à la demande de saint François de Sales ;

3° Et Antoinette de Suffren, qui fut mariée à Pierre Tronc de Codolet, de Salon.

Du second mariage avec Magdelaine de Clamens, naquirent trois filles appelées : 1° Catherine ; 2° Anne, et 3° Magdelaine de Suffren.

Antoine de Suffren, fils aîné de Jehan, avait épousé à Salon, en 1571, Louise de Châteauneuf, fille de Laurent de Châteauneuf, seigneur de Mollegès. Il laissa de cette alliance trois fils : 1° Palamède ; 2° Jean-Baptiste ; 3° et Trophime de Suffren. Ce dernier étant mort sans postérité, ses deux frères survivants, Palamède et Jean-Baptiste, héritèrent seuls de trois métairies que la famille possédait sur le territoire de Salon, au quartier d'Aubes, et en 1612, ils obtinrent licence de l'archevêque d'Arles, Gaspard de Laurens, d'ériger ces trois immeubles contigus, en arrière-fief, avec la basse juridiction et le titre de seigneurs d'Aubes.

Palamède de Suffren, l'aîné, était conseiller du roi au Parlement d'Aix. Il épousa Marguerite de Georges-d'Ollières et en eut quatre fils : 1° Lazarin de Suffren, conseiller au Parlement, mort sans postérité; 2° Pierre de Suffren, seigneur d'Aubes, uni à Jeanne de Capissuchy-Bologne, dont il n'eut point d'enfants; 3° Antoine de Suffren, seigneur en partie de Mollegès, conseiller-semestre au Parlement de Provence, marié à Salon avec Honorade de Roux de Lamanon, qui lui donna un fils, Jacques de Suffren, mort sans descendance, et une fille, Françoise de Suffren, mariée avec noble Antoine de Tressemanes, seigneur de Brunet. Cet Antoine de Suffren, semestre au Parlement, décéda à Salon le 30 janvier 1687, à l'âge de 75 ans ; 4° et Laurent de Suffren, écuyer, capitaine à l'Hôtel-de-Ville de Salon en 1628, premier consul en 1629 et 1638, qui épousa dans cette ville Elisabeth de Marck-Tripoli, fille de Claude de Marck-Tripoli, seigneur de Châteauneuf-lès-Moustiers, et d'Honorée de Roux des seigneurs de Lamanon et de Beauvezet.

Jean-Baptiste de Suffren, le cadet, avocat au Parlement d'Aix et juge de Salon, eut deux fils de son mariage avec Marguerite d'Arnaud, qui sont : 1° Paul de Suffren, jésuite; 2° et Louis de Suffren, seigneur d'Aubes, premier consul de Salon en 1648, reçu conseiller au Parlement de Provence en 1650, lequel fut légataire de Pierre de Suffren, autre seigneur d'Aubes, son cousin, plus haut nommé.

Ici commence la division de la famille de Suffren en deux branches, à savoir : celle des seigneurs d'Aubes, plus que toujours attachée à Salon, quoique établie à Aix, et la branche proprement dite de Salon ou branche aînée.

BRANCHE DES SEIGNEURS D'AUBES

ou Branche cadette.

Louis de Suffren, seigneur d'Aubes, fils de Jean-Baptiste et mari de Polixène de Guiran, des seigneurs de la Brillane, eut pour fils :

Joseph-Jean-Baptiste de Suffren, seigneur d'Aubes et de St-Tropez, conseiller et doyen en la cour du Parlement de Provence, lequel obtint, en récompense de ses services, un arrêt du Conseil d'Etat du roi en date du 26 juillet 1723, portant autorisation de séparer de Salon les biens qu'il possédait dans le terroir de cette ville, au quartier d'Aubes, pour en composer un autre territoire et une autre communauté sous le nom de Richebois. De son mariage avec Geneviève de Castellane-St-Jeurs, décédée à Salon le 27 novembre

1720, il laissa deux fils et une fille, savoir : 1° Paul qui suit ; 2° François, chevalier de Malte, capitaine dans Royal-Comtois, mort au siège de Douai ; 3° et Magdelaine, née et baptisée à Salon le 23 septembre 1681, mariée à noble Jean-Baptiste marquis de Castellane-Esparon. Il y avait un quatrième enfant, Louis de Suffren, né et baptisé à Salon le 21 octobre 1689, mais qui décéda l'année suivante (1690).

Paul de Suffren d'Aubes, marquis de St-Tropez, seigneur de la Molle, St-Cannat et Richebois, premier consul de Salon en 1713, premier procureur du pays de Provence en 1725, procureur joint de la noblesse en 1749, avait épousé Hiéronime de Bruny, fille du baron de la Tour-d'Aigues, qui le rendit père de : 1° Joseph-Jean-Baptiste de Suffren, qui suit ; 2° Louis-Jérôme de Suffren, évêque de Sisteron ; 3° Pierre-André de Suffren, célèbre marin, né à St-Cannat le 17 juillet 1729, grand'croix de l'ordre de St-Jean de Jérusalem et des ordres du roi, capitaine des vaisseaux de Sa Majesté, et puis vice-amiral, auquel la ville de Salon, sa patrie d'origine, a fait ériger de son vivant un superbe buste en marbre blanc (1); 4° Paul de Suffren, chevalier de Malte, capitaine des vaisseaux de la reli-

(1) Ce buste a été fait à Paris en 1784, par le célèbre sculpteur Foucou, devant lequel le bailli de Suffren était venu poser plusieurs fois pour se prêter à l'hommage de ses concitoyens de Salon.

gion ; 5° et 6° deux filles mariées, l'une à noble d'Arnaud, seigneur de Vitrolles, et l'autre au seigneur de Pierrevert; 7° et d'une troisième fille religieuse au couvent des Ursulines de Salon, sous le nom de sœur St-Jérôme de St-Tropez.

Joseph-Jean-Baptiste de Suffren, marquis de St-Tropez et de St-Cannat, seigneur de la Molle et autres lieux, mestre de camp de cavalerie, chevalier de St-Louis, lieutenant du roi en la ville et citadelle de St-Tropez, a laissé de son mariage, contracté le 21 février 1744, avec Louise-Pulchérie de Goesbriant : 1° Pierre-Marie de Suffren, comte de Saint-Tropez, gouverneur de la ville et citadelle de Saint-Tropez, capitaine dans le régiment Royal-Lorraine ; 2° Louis-Victor de Suffren, chevalier de Malte, officier du régiment Royal-Cravate ; 3° et demoiselle Olympe-Emilie de Suffren, mariée à Louis-Charles de la Baume, comte de Suze.

Il n'existe plus aujourd'hui aucun rejeton mâle des seigneurs d'Aubes et de St-Tropez.

BRANCHE AINÉE DITE DE SALON.

Laurent de Suffren, quatrième fils de Palamède et petit-fils d'Antoine, eut, de son mariage avec Elisabeth de Marck-Tripoli des seigneurs de Châteauneuf, deux fils et une fille, savoir : 1° Pierre de Suffren, qui suit ; 2° Balthazard de Suffren, prêtre-chanoine en l'église collégiale St-Laurent, de Salon ; 3° et Honorade de Suffren, mariée avec noble Jean-François de Baldony, de la ville d'Aix.

Pierre de Suffren, écuyer, premier consul de Salon en 1653, 1666, 1672 et 1674, épousa demoiselle Anne Romand, dont il eut un fils :

Joseph de Suffren, écuyer, marié à Marguerite d'Estienne, des seigneurs de Monplaisir, de laquelle alliance est issu :

Laurent II de Suffren, chevalier, premier consul de Salon en 1738, 1745, 1753, 1759, 1774 et 1780, qui eut de son mariage avec Marguerite de Régis-Fuveau : 1° François-Palamède de Suffren, ci-après, né à Salon le 27 avril 1753 ; 2° Louis de Suffren, ecclésiastique, comte du noble chapitre de St-Victor de la ville de Marseille ; 3° Emmanuel, mort sans descendance ; 4° Félicité Perpétue, mariée le 27 mars 1776 à noble Charles de Rians ; 5° et 6° Thérèse-Apollonie et Perpétue-Colombe de Suffren, qui ne se marièrent pas.

François-Palamède de Suffren fut officier de marine, botaniste distingué, auteur de mémoires importants sur les monographies très étendues, principalement celle du figuier et celle du genre *carduus*. (*Statistique des Bouches-du-Rhône*, tome 3, p. 601). Il avait épousé Catherine-Thérèse-Eugénie de Meyran de Lagoy, qui le rendit père de :

Jean-Baptiste-François-Auguste de Suffren, né à Salon le 9 décembre 1780, chef de bataillon, chevalier de St-Louis, membre de la Légion-d'Honneur et de l'ordre de St-Ferdinand d'Espagne, lequel fut institué héritier de ses deux tantes paternelles Apollonie et Colombe de Suffren, suivant leurs testaments du 1er avril 1826, reçus par Me Piolle, notaire à Salon. Il épousa Marie-Gabrielle-Amélie de Sillans, dont il eut deux fils et une fille encore vivants, qui sont :

1° Auguste-Henri-Palamède de Suffren, né à Salon le 9 septembre 1806, ancien officier d'état-major employé à la carte de France, marié en 1837 à mademoiselle Louise-Justine-Blanche de Villeneuve-Bargemont, fille de M. Jean-Paul-Alban de Villeneuve-Bargemont, ancien conseiller d'Etat, préfet du Nord en retraite, officier de la Légion-d'Honneur, commandeur de l'ordre impérial d'Autriche, chevalier de Charles III d'Espagne, et de madame Françoise-Alexandrine-Mathilde du Breil de Fregoze ;

2° Eugène-Ferdinand-Emmanuel de Suffren, né à Salon le 27 juin 1821, vivant sans alliance ;

3° Et mademoiselle Delphine-Gabrielle-Eugénie de Suffren.

ARMES DE LA MAISON DE SUFFREN :

D'azur au sautoir d'argent, cantonné de quatre mufles de léopards d'or.

EXTRAIT

DU CHAPITRE XXXI° DES CHRONIQUES SALONAISES

II.

De tous les grands personnages jusqu'alors venus à Salon, aucun n'y fut accueilli avec autant d'enthousiasme que le bailli de Suffren, en 1784, à son retour des Indes, où il venait de relever l'honneur du pavillon français. Tout le monde était avide de voir l'intrépide marin, les gazettes ne parlaient que de lui et entretenaient, tous les jours, le public de ses glorieux succès, qui avaient forcé l'Angleterre à signer la paix avec la France; on l'appelait le héros de la patrie.

Le bailli de Suffren débarqué à Toulon, le vendredi, 26 mars 1784, était parti le lendemain pour Versailles, où l'attendait le roi, pour le combler d'honneurs. Néanmoins, au village de Saint-Cannat, son pays natal (1), il se détourna de sa route, pour venir visiter la ville de Salon, berceau de ses ancêtres et séjour de son enfance (2). Les consuls et une

(1) Le bailli de Suffren est né à Saint-Cannat, le 17 juillet 1729.

(2) La famille du bailli de Suffren, ainsi qu'on l'a déjà vu, possédait sur le territoire de Salon, l'arrière-fief d'Aubes qui fut appelé Richebois, lors de son

partie de la population étaient allés à sa rencontre sur le chemin de Pélissanne. A l'oratoire de Saint-Joseph (environ 400 mètres de Salon), il descendit de son carrosse et se mêla au cortège municipal, en disant : « *Ah! qu'il fait bon de se trouver au milieu de ses concitoyens.* »

La confrérie de la jeunesse, sous les armes, formait la haie, et la musique marchait en tête du cortège, jouant l'air tout d'à-propos : *où peut-on être mieux qu'au sein de sa famille?* Il s'avança vers la ville au milieu des acclamations des habitants, au bruit des boîtes et des décharges de mousqueterie. Les cloches, toutes en branle, lançaient dans les airs leurs joyeuses volées ; les femmes et les jeunes filles en brillante toilette se pressaient sur les portes et surtout aux fenêtres, sur les balcons, agitant, avec des trépignements de joie, leurs mouchoirs blancs ou leurs soyeuses écharpes sur la tête du héros : les enfants, perchés par bandes sur les ormeaux séculaires, mêlaient leurs cris aigus aux applaudissements tumultueux qui montaient de la foule. M. de Suffren, le visage souriant et les yeux humides de larmes, salue à droite et à gauche. Il a de la peine à s'exprimer de la voix et même à marcher, tant son cœur est gros

érection en communauté. Elle y avait fait bâtir un fort joli château, dont elle faisait sa résidence d'été et d'automne. C'est là que le célèbre marin avait grandi ; c'est là que, depuis son entrée au service, il venait passer presque tout le temps de ses congés.

d'émotion. C'est que, pour les âmes nobles et généreuses comme la sienne, il n'est pas de plus grande félicité que celle qui leur revient du contentement dont elles remplissent ceux qu'elles aiment. Tout lui crie, en arrivant à Salon, qu'il est le bien-venu, l'enfant, la joie du pays ; parmi les mille et mille voix qui l'acclament, il sait encore distinguer celles de ses camarades d'enfance ; hommes, femmes, tous le connaissent, et tous lui sont connus ou par leurs noms ou par leurs sobriquets. (1) Il n'y a pas jusqu'à la poussière qu'il foule sous ses pas, qui n'ait un certain attrait pour lui, l'attrait qu'on éprouve, après une longue absence, à revoir les cendres du foyer paternel; et cette poussière lui semble se soulever, elle aussi, pour lui faire honneur.

Il fut conduit à l'Hôtel-de-Ville, où il reçut les hommages du Corps municipal. La foule se ruait dans la chambre du conseil et dans la grande salle. Tous auraient voulu le voir de près et l'entendre parler. Les habitants, par un mouvement spontané, manifestèrent hautement le vœu que la ville lui fit ériger une statue.

---

(1) La tradition rapporte que le bon bailli ayant reconnu dans la foule qui l'entourait sa mère nourrice, se serait approché de cette paysanne, l'aurait prise sous son bras, disant : « qu'il ne voulait avoir personne de plus proche de lui, en ce jour heureux, que celle qui l'avait nourri de son lait. (J. S. Roux. Histoire du bailli de Suffren, pages 216 et 217. Marseille. 1862.

C'est là même, à l'Hôtel-de-ville, que le jeune Auguste de Paul de Lamanon, officier de marine, retiré depuis quelques années du service, fut l'objet d'une distinction toute particulière de la part du grand homme. Le bailli de Suffren, après avoir remercié ses concitoyens de leur bon accueil, dit, en promenant ses regards sur l'assemblée : « Messieurs, veuillez bien me donner des nouvelles de Lamanon; je serais fort satisfait de le voir et de l'embrasser. » Lamanon, qui était dans la salle, confondu avec les autres habitants, fut porté par ceux qui l'entouraient jusqu'en présence du bailli de Suffren, qui l'embrassa et lui dit ensuite, en élevant la voix, qu'il avait un peu nazillarde :

« Lamanon, pourquoi avez-vous quitté le service de la marine (1)? vous y avez été universellement regretté; vous étiez chéri de vos camarades; vos chefs avaient pour vous la plus haute estime; vos talents vous avaient signalé comme un officier qui aurait honoré la marine française. N'auriez-vous pas pu concilier votre goût pour les sciences avec le service

(1) Lamanon (ne pas confondre avec son frère Robert, qui périt plus tard dans l'expédition de la Peyrouse), après avoir fait de solides études, était entré dans la marine royale pour déférer aux ordres de son père. Son application et ses progrès dans les sciences mathématiques l'avaient fait remarquer de ses chefs. Il y avait quatre ans qu'il servait, quand il apprit la mort de son père. Il se retira alors auprès de sa mère, à Salon, où il se livra à son goût pour les sciences et les voyages.

militaire? vous avez eu tort, mon ami; vous ne deviez pas priver votre patrie des talents qui lui eussent été si honorables et si utiles. Combien moi-même qui vous aime et qui vous estime, je serais satisfait de vous voir rentrer dans la marine!... Allons, mon cher Lamanon, faites ce sacrifice à votre patrie. Il serait digne de votre beau caractère, et avec quels transports nous vous reverrions dans nos rangs! » (Archives de Salon, DD. 18, fol. 207 et suiv.)

Le bailli de Suffren alla voir sa sœur, au couvent des Ursulines, dont elle était économe cette année là, et où elle portait le nom en religion de sœur Saint-Jérome de Saint-Tropez. Il visita ensuite les établissements de charité, tels que l'Hôpital, le Mont-de-piété, la Miséricorde, laissant partout des marques de sa libéralité. (Id. Sac trésoraire, 1784, mandat nº 10.)

Le soir du dimanche, 28 mars 1784, après le départ du bailli de Suffren, le conseil général délibéra « de faire exécuter, par le » plus habile sculpteur de Paris, le buste en » marbre de l'illustre général dont la gloire » rejaillit sur la ville de Salon, berceau des » de Suffren, et où résidait encore une » branche de cette ancienne famille. » (Id. BB. 19, fol. 80 et suiv.)

Le bailli de Suffren reçut à la cour l'accueil le plus flatteur et le plus honorable. Lorsqu'il se présenta dans la salle des gardes, accompagné de M. de Castries, maréchal-ministre, les gardes du corps se levèrent, et puis, quittant leurs mousquets ils lui formèrent un cortége jusqu'à la chambre du roi. Sa Majesté le retint deux heures dans son cabinet, prenant plaisir à s'entretenir avec lui de ses dernières campagnes dans l'Inde. La reine le présenta au jeune dauphin en lui disant : « Voilà M. de Suffren : c'est un des hommes » qui ont le mieux servi le roi, » et comme l'enfant royal répétait mal le nom de Suffren: « Mon fils » reprit la reine « apprenez de » bonne heure à entendre prononcer et à « prononcer vous-même les noms des héros, « défenseurs de leurs pays. » Monsieur, comte de Provence, l'embrassa et lui dit, en le pressant contre son sein : « Je veux que vous m'aimiez autant que je vous estime. » Madame la comtesse d'Artois ne recevait pas, le jour que le bailli se présenta chez elle; néanmoins elle voulut le voir. Son fils, le jeune duc d'Angoulême, était occupé à lire au moment que de Suffren entra; aussitôt le prince, fermant son livre, s'avança vers lui, en prononçant ces paroles flatteuses mais pleines de vérité : « Je lisais l'histoire des hommes illustres; je quitte le livre avec plaisir, puisque j'en vois un. »

Le roi pour récompenser les services de M. de Suffren, le nomma chevalier de ses ordres et vice-amiral, en lui accordant les entrées dans sa chambre. Comme il ne devait y avoir que trois vice-amiraux, on avait créé une quatrième charge de vice-amiral exprès pour lui; laquelle charge, disait l'ordonnance de nomination, serait supprimée à son décès. Le 9 mai, Louis XVI tint un chapitre extraordinaire du Saint-Esprit dans son cabinet, et fit de Suffren chevalier de l'ordre. Le même jour, le comte d'Estaing lui fit présent d'un magnifique trophée de bronze doré et d'or moulu.

A Paris, de Suffren était l'objet de l'enthousiasme général. Son éloge était dans toutes les bouches. Il ne pouvait se montrer en public sans être salué par les acclamations d'une foule empressée à lui témoigner l'estime et l'admiration qu'il inspirait. (Ch. Cunat, histoire du bailli de Suffren, pages 339 et suiv.)

Pendant qu'il était ainsi honoré par la cour et acclamé par la nation, le bailli de Suffren reçut une copie de la délibération du conseil municipal de Salon, qui lui décernait une statue. A cet envoi était jointe une lettre que lui écrivaient les consuls pour le prier de vouloir bien se prêter à cet hommage de ses concitoyens. Le célèbre sculpteur Foucou avait été chargé de reproduire sur le marbre les traits du nouveau vice-amiral (1). Le bailli de Suffren répondit aux consuls de Salon en ces termes :

(1) On s'était adressé, pour faire un choix d'un sculpteur et traiter avec lui, à M. Carbonel (Mathias), compositeur de musique très renommé, natif de Salon, qui résidait alors à Paris.

« A Messieurs les consuls de la ville de Salon :

« J'ai reçu, Messieurs, la lettre obligeante que vous m'avez fait l'honneur de m'écrire. Les paroles me manquent pour vous exprimer les sentiments de reconnaissance que m'inspire le projet glorieux que vous vous proposez de mettre à exécution. Ce monument, bien au-dessus de ce que j'ai fait, sera d'autant plus cher à mon cœur qu'il me rappellera l'estime de mes concitoyens, dont j'ai toujours été si jaloux. »

« Agréez, je vous prie, et mes remercîments les plus sincères, et l'assurance du respectueux attachement, avec lequel j'ai l'honneur d'être,

Messieurs,

votre très humble et très obéissant serviteur,

Le Bailly de Suffren.

« Paris, ce 6 mai 1784. »

(Archives de Salon, AA. 1er dossier, n. 10.)

Le buste, achevé à la fin d'octobre, arriva le mois suivant à Salon. Ricciardy, sculpteur à Aix, fut chargé de confectionner le piédestal en marbre qui devait le supporter, et Raffy, autre sculpteur, y grava l'inscription suivante, sur le modèle fourni par l'académie des belles-lettres :

Pierre-André de Suffren Saint-Tropez, grand'croix de l'ordre de St-Jean de Jérusalem, capitaine des vaisseaux du Roi, sort de Brest le 22 mars 1781, sauve le cap de Bonne-Espérance, livre plusieurs combats dans les mers de l'Inde, souvent vainqueur, jamais vaincu même avec des forces inférieures, fait respecter les armes de la France, protége ses alliés, prend Trinquemalé, délivre Gondelour, répare, approvisionne ses vaisseaux sans autres ressources que son génie ; rappelé par la paix, arrive à Toulon le 25 mars 1784, reçoit de la nation de justes éloges, du Roi le grade de vice-amiral et le cordon de ses ordres.

La ville de Salon, berceau de ses ancêtres, lui a consacré ce monument.

NOBLE J.-M. TRONC DE CODOLET, E. ROUSIER, J.-B. BARET,
maires-consuls,
et CH. BERNARD, *trésorier honoraire.*
M. D. CC. LXXXIV (1)

(1) La ville de Salon dépensa à ce monument 3,758 livres 18 sous 6 deniers payées savoir : 2,630 l. à Foucou pour le buste; 520 livres à Ricciardy pour le piédestal; 155 livres à Raffy pour l'inscription ; 162 livres 2 sous pour le port du buste de Paris à Salon; 30 livres pour le port du piédestal d'Aix à Salon; et 261 livres 16 sous 6 deniers pour les frais de l'inauguration. (Sacs trésoraires de 1784, art. 98, 117, 133, 153, 165 et 168, et de 1785, art. 55).

L'inauguration du monument eut lieu, le jeudi, 30 décembre 1784. A trois heures après-midi, le viguier, les maires-consuls, les conseillers, les officiers municipaux et un grand nombre de notables se rendirent à l'église de St-Laurent, où le chapitre chanta le *Te Deum*. Après cette cérémonie, ils revinrent à l'Hôtel-de-Ville, suivis de messieurs du chapitre en manteaux longs. La foule, grossie des étrangers accourus à la fête, remplissait la place Bourgneuf et les avenues. Le cortége municipal, accueilli par les cris de : *Vive le roi ! Vive de Suffren !* alla prendre place dans la salle du Conseil, où devait se faire l'inauguration. On remarquait parmi les assistants M. Laurent de Suffren et sa famille.

Les trois consuls ayant posé le buste du bailli sur son piédestal, de nouvelles acclamations de : *Vive de Suffren !* se firent entendre dans l'assemblée, et puis furent répétées au dehors par le peuple, au milieu des fanfares et des décharges de boîtes. Lorsque le silence eut été rétabli, M. Joseph-Marc Tronc de Codolet, premier maire-consul, prononça un long et pompeux éloge du héros de la fête. Il termina son discours par les cris aussitôt répétés par l'auditoire de : *Vive le roi ! Vive de Suffren !*

Cette inauguration, annoncée au peuple, du haut du balcon, par Marcian Agnel, trompette de la ville, fut accueillie par un long tonnerre d'applaudissements et une décharge de boîtes. Le viguier et les consuls descendirent alors sur la place et, précédés des tambours et de la fanfare, ils allèrent allumer un feu de joie préparé pour la circonstance. Pendant que le feu brûlait, il fut tiré plusieurs caisses de fusées et de nouvelles décharges de boîtes; les tambours et les fanfares ne cessaient de jouer, et en même temps la foule de crier: *Vive le roi! Vive de Suffren!*

Les maires-consuls étant ensuite montés à la salle du conseil, déclarèrent par l'organe de M. Tronc de Codolet, l'un d'eux, que pour clôturer dignement cette fête, ils consacraient le montant de leurs honoraires à marier une pauvre fille, d'une vertu reconnue, et qu'à cet effet ils désignaient Anne Colombard, fille d'Arnaud, travailleur de Salon. (Arch. de Salon BB. 19. fol. 121 et suiv.)

Procès-verbal avait été dressé de cette fête d'inauguration. Les consuls en envoyèrent une expédition en forme à M. le bailli de Suffren, qui leur fit ses remercîments par la lettre suivante :

« A Messieurs les consuls de la ville Salon.

« A Paris, le 19 janvier 1785.

J'ai reçu, Messieurs, avec autant de sensibilité que de reconnaissance le détail que vous m'avez envoyé de l'installation de mon buste dans votre hôtel-de-ville. Cette marque d'honneur flatte autant mon amour propre qu'elle est chère à mon cœur. Il est doux d'être parmi des concitoyens qui nous sont chers. Il est flatteur de recevoir de leur part un hommage aussi distingué. Recevez-en, je vous prie, mes remercîments et l'assurance du désir de pouvoir être utile à votre ville et à tous les particuliers qui la composent. »

« C'est avec ces sentiments que j'ay l'honneur d'être, Messieurs, votre très humble et très obéissant serviteur.

Le Bailly de Suffren. »

(Arch. de Salon, AA., 5, 1er dossier, n. 11.)

En 1787, le roi avait confié au bailli de Suffren le commandement en chef d'une escadre qui était en armement à Brest, pour parer aux éventualités d'une reprise d'armes contre l'Angleterre. Mais une mort déplorable et prématurée vint ravir à la France son illustre amiral. Le 6 décembre 1788, il fut provoqué en duel par le prince de Mirepoix, et y fut blessé d'un coup d'épée, dont il mourut le surlendemain 8 décembre, à l'âge de 59 ans, 4 mois et 21 jours. (M. A. Jal. Scènes de la Vie Maritime, tome 3, p. 161.)

Ce duel est généralement considéré comme peu honorable pour le prince de Mirepoix, car de Suffren, depuis qu'il avait pris de l'âge, ne jouissait plus du libre exercice de ses mouvements; il était d'une telle obésité, que dans un combat singulier à l'épée, il ne pouvait plus ni attaquer, ni se défendre.

La mort du bailli de Suffren fut une perte irréparable pour la marine et pour la nation. Napoléon Ier, à Sainte-Hélène, dans ses libres entretiens avec Las-Cases, s'écria, un jour qu'il était question de la marine : « Oh ! pourquoi de Suffren n'a-t-il pas vécu jusqu'à moi ? ou pourquoi n'ai-je pas trouvé un homme de sa trempe ? j'en aurais fait mon Nelson, et les affaires eussent pris une autre tournure. (M. Ortolan, *Moniteur* du 1er novembre 1859.)

III.

Ces extraits authentiques des archives salonaises (celui du nobiliaire surtout) démontrent surabondamment que si quelques membres de la branche cadette des Suffren sont venus se fixer à Aix, dès 1568, pour y exercer des fonctions judiciaires et servir le roi dans la magistrature du Parlement, la famille n'a jamais cessé d'avoir à Salon et dans son territoire un magnifique pied à terre dont elle faisait le plus souvent sa résidence d'été et où le bailli lui-même venait passer tout le temps de ses congés.

Dans le terroir d'Aix, bien qu'elle eût dans l'enceinte de la ville un hôtel superbe, la branche cadette des Suffren n'avait pas un pouce de terrain. A Saint Tropez, elle possédait, il est vrai, un riche domaine.

Mais Saint-Tropez était, qu'on le sache bien, une dépendance de Salon, ville alors importante de la Provence qui était comme la capitale de ce qu'on nommait à cette époque les terres adjacentes.

Voici un document officiel, nouvel extrait des chroniques salonaises, qui le prouvera sans réplique :

La ville de Salon a été le chef-lieu de Saint-Tropez pendant tout le temps de l'ancien régime, c'est-à-dire, depuis le démembrement du royaume d'Arles jusqu'à la division de la France en départements.

Lors du démembrement du royaume d'Arles plusieurs villes et seigneuries persistèrent dans leur soumission aux empereurs d'Allemagne, et quoique enclavées dans le comté de Provence, elles formèrent un corps séparé de ce pays, ayant leurs fermes distinctes, une manière de s'administrer toute différente, en un mot, un gouvernement tout particulier auquel elles n'avaient jamais voulu renoncer. On les appela *terres adjacentes.* Plus tard elles passèrent sous l'autorité des comtes de Provence, ensuite des rois de France, qui respectèrent leurs droits et privilèges. Toutefois elles supportaient le tiers des charges que le prince imposait sur toute la Provence bien qu'elles ne formassent pas la huitième partie de cette contrée.

Les impositions royales, établies sur la totalité de la Provence, étaient réparties dans la proportion de deux tiers sur les vigueries, (la Provence proprement dite), et du tiers restant sur les terres adjacentes. Ce dernier tiers était ensuite réparti par l'intendant, à savoir : quatre sixièmes sur Marseille et deux sixièmes sur les autres terres adjacentes dont le nombre variait de 19 à 24.

Marseille versait sa quote-part directement dans le trésor royal; par contre Arles, Salon et les autres communautés payaient leurs impositions royales à un receveur créé par le roi, appelé receveur-général des terres adjacentes en Provence.

Les terres adjacentes correspondaient directement avec l'intendant. Les consuls d'Aix, qui étaient les procureurs du pays de Provence, ne paraissaient dans ces terres pour y faire exécuter les délibérations des états, qu'avec une autorisation du gouverneur ou intendant, et encore ne pouvaient-ils pas s'y montrer avec leurs insignes consulaires, comme ils en avaient le droit dans les vigueries.

Les terres adjacentes ne participaient, en aucune manière, aux délibérations des Etats de la province. Il n'y avait que les villes de Marseille et d'Arles qui y étaient appelées alternativement, savoir : Marseille aux années du nombre *pair* et Arles à celles du nombre *impair*. Maïs ces villes n'y avaient jamais voix délibérative. Les députés qu'elles envoyaient aux Etats, y assistaient à simple titre honorifique, et seulement pour veiller à ce qu'on n'y traitât rien de contraire aux intérêts de leurs communautés.

Le régalement ou répartition des impositions royales s'opérait sur l'affouagement, qui était le cadastre général de la province où était portée l'estimation de tous les biens taillables, en suite des impositions et des dépenses générales qui se faisaient dans tout le pays de Provence. Les territoires y étaient estimés par feux, ce qui s'entendait, non des habitations, mais des valeurs en fonds de terre. Arles était affouagé 188 feux et les autres petites terres adjacentes, ensemble 96 feux, sur lesquels Salon fut longtemps porté à 45, presque la moitié, à cause de son importance.

C'était à Salon, et entre les mains de son trésorier, que les petites terres adjacentes devaient faire payer leurs contingents d'impositions, d'après la notification que les consuls de cette ville leur faisaient de la répartition opérée par le gouverneur ou intendant, avec lequel elles ne correspondaient que par l'intermédiaire des consuls de Salon, syndics généraux des terres adjacentes. En cas de refus ou de retard de payer, les poursuites étaient faites au nom et à la diligence des consuls de Salon. Il existe dans les archives salonaises, des imprimés de certificats ou d'arrêtés portant en tête les armoiries de Salon et puis cet intitulé :

« *Nous maires-consuls de la ville de Salon en Provence, conseillers du roi, syndics généraux des terres adjacentes autres que Marseille et Arles.....* »

Saint-Tropez a toujours et jusqu'à la Révolution fait partie des terres adjacentes ayant Salon pour chef-lieu, et les consuls de cette ville pour syndics généraux.

Dans la première moitié du 18me siècle, les terres adjacentes étaient au nombre de 23. Les voici telles qu'elles sont dénommées dans une ordonnance de M. Cardin le Bret, intendant en Provence, du 23 novembre 1726, rendue en exécution d'un arrêt du conseil d'Etat du roi, du 23 juillet précédent, relatif à un nouvel affouagement des terres adjacentes : *Sallon, Richebois, Les Baux, Nostre-Dame de la Mer, Oreille, Aurons, Fontvieille, Mondragon, Entrevaux, St-Tropez, Grignan, Montségur, Chantemerle, Salles, Colonzelles, Allan, Reauville, Sault, Aurel, Mounieux, Saint-Terny, Lagarde et Ferrassières.*

C'est précisément parce que les Salonais considèrent les Saint-Tropéziens comme des frères, que, à l'occasion de l'inauguration à Saint-Tropez de la statue du bailli de Suffren, un poète de Salon, le felibre Crouzillat, lauréat du concours d'Aix pour son ode au roi Réné, l'auteur de la Bresco ou rayon de miel, l'*alter ego* de Mistral, vient d'improviser pour la circonstance un charmant sonnet, qui passera à la postérité, et dont nous sommes heureux d'offrir la primeur aux lecteurs de cette brochure :

SOUNET

A l'oucasien de l'inauguracien de l'estatuio d'ou Baile Suffren, à Sant-Tropez (Var).

Fraire de Sant-Tropez, de couer aplaudissèn
Au bèu vanc que vous fai ounoura la memòri
De l'ilustre amirau, sèmpre digne de glòri,
Lou baile amistadous que toutei cherissèn.

Se d'asard Sant-Cannat lou tintourlo neissènt,
Seloun de sei mamèu lou nourris gras e flòri;
Seloun, qu'emé fierta recanto soun istòri,
Viéu de lou poussedi n'èro trefoulissènt.

Dins un marme neven que nous retrais sa caro
Emé bonur eici lou countemplan encaro... ;
Mai vuei nous fès ligueto e vergougno, segur.

E tant miéus : noun poudian, nous-autre vouéstei màgi,
Tant bèn d'ou grand marin cala lou noble eimàgi
En ribo de la mar, ni souto un cèu plus pur.

A. B. Crousillat.

SONNET :

A l'occasion de l'inauguration de la Statue du bailli de Suffren, à Saint-Tropez (Var.)

Frères de Saint-Tropez, de cœur nous applaudissons au bel élan qui vous fait honorer la mémoire de l'illustre amiral, toujours digne de gloire, le bailli bon et affable que nous chérissons tous.

Si d'aventure Saint-Cannat le caresse naissant, Salon de ses mamelles le nourrit gras et fleuri; Salon, qui avec fierté rechante son histoire, exultait de le posséder vivant .

Dans un marbre blanc comme neige qui nous retrace son visage, avec bonheur ici nous le contemplons encore....., mais aujourd'hui vous nous faites envie et confusion, assurément.

Ettant mieux : nous ne pouvions pas, nous vos aînés, si bien du grand marin poser la noble image sur les bords de la mer, ni sous un ciel plus pur.

Marseille. — Imp. Nouvelle A. Arnaud, rue Vacon, 21.

www.ingramcontent.com/pod-product-compliance
Lightning Source LLC
LaVergne TN
LVHW050504160826
845677LV00003B/934

* 9 7 8 2 3 2 9 6 5 2 4 2 9 *